LOGE FRANÇAISE ET ÉCOSSAISE

DE

L'ÉCOLE DE LA SAGESSE

ET

DU TRIPLE-ACCORD RÉUNIS.

DE L'IMPRIMERIE DU F∴ COLLIGNON.

LOGE FRANÇAISE ET ÉCOSSAISE

DE

L'ÉCOLE DE LA SAGESSE

ET DU TRIPLE-ACCORD RÉUNIS.

POMPE FUNÈBRE

EN MÉMOIRE DU T∴ ILL∴ F∴ COMTE DE VALENCE, PAIR DE FRANCE, LIEUTENANT-GÉNÉRAL, TRÈS-PUISSANT SOUVERAIN GRAND COMMANDEUR ET CHEF, EN FRANCE, DE L'ORDRE MAÇONNIQUE, AU RIT ÉCOSSAIS ANCIEN ET ACCEPTÉ ;

Solennellement célébrée le 1er jour du 4∴ mois de l'an 5822. — 1er juin 1822.

O∴ DE METZ.

EXTRAIT DU LIVRE D'ARCH∴

DE LA R∴ ☐

DE L'ECOLE DE LA SAGESSE

ET DU TRIPLE-ACCORD RÉUNIS,

RÉGULIÉREMENT CONSTITUÉE AU RIT FRANÇAIS ET AU RIT ÉCOSSAIS
ANCIEN ET ACCEPTÉ.

———

Séance du 1er jour du 4e∴ mois de l'an 5822.
(1er juin 1822.)

Lᴀ R∴ ☐ écossaise et française de l'Ecole de la
Sagesse et du Triple-Accord réunis avait été con-
voquée et réunie pour célébrer une pompe funèbre

en mémoire de l'Ill.·. F.·. comte de Valence, T.·. P.·. S.·. G.·. C.·. et chef, en France, de l'ordre maçonnique, au rit écossais ancien et accepté.

Des Pl.·. de convocation avaient été envoyées aux LL.·. de la correspondance, aux LL.·. des OO.·. voisins, et à tous les FF.·. de l'O.·. de Metz.

Une nombreuse élite de Maç.·. s'était rendue à l'appel qui leur avait été fait, et était venue payer un dernier tribut à notre Ill.·. Grand-Maître.

Les membres de la R.·. ☐ sont réunis dans une salle de deuil, tendue de draperies noires parsemées de larmes ; au milieu est placée sur un autel funèbre l'urne cinéraire.

Le F.·. Devilly, Vén.·. en exercice, G.·. I.·. C.·. 31e degré, prend place à l'est et ouvre les Trav.·. au 1er degré du rit par un seul coup de maillet répété au sud et à l'ouest par les FF.·. Missonnier et Bélair, S.·. P.·. R.·. C.·. 18e degré, 1er et 2d Surv.·.

Le F.·. secrétaire donne lecture de la Pl.·. tracée des derniers Trav.·., elle est sanctionnée.

Tous les FF.·. visiteurs qui se trouvaient réunis dans les parvis du temple, sont introduits en silence par les soins des FF.·. Maît.·. des cérémonies. Le Vén.·. les remercie au nom de l'At.·. de venir mêler leurs regrets à ceux de la R.·. ☐, en leur faisant remarquer que dans ce jour de deuil tous les honneurs étaient réservés à l'Ill.·. F.·. auquel nous rendons un triste et dernier hommage.

Le Vén∴ annonce qu'on va passer dans le temple 'de la mort, et donne le signal du départ.

Aussitôt, derrière le trône, l'harmonie fait entendre des accens de douleur, et aux sons d'une marche lugubre, les FF∴ se rendent dans le temple, dans l'ordre suivant :

Les FF∴ Maît∴ des cérémonies; l'harmonie; le Vén∴ portant le delta lumineux, obombré d'un crêpe; les bannières de l'Ordre et de la R∴ ☐ renversées et couvertes de crêpes; tous les FF∴ deux à deux le glaive baissé; les FF∴ 1er et 2d Surv∴ fermant la marche de leurs colonnes, accompagnés des FF∴ Maît∴ des cérémonies adjoints; les FF∴ diacres, les hallebardes renversées; enfin, les FF∴ R∴ †, rangés autour de l'urne cinéraire dont ils forment la garde : l'urne est voilée d'un long crêpe et portée par les FF∴ Allenet et Le Guével de la Combe, tous deux R∴ † et désignés par la R∴ ☐.

Le cortége arrivé dans le temple de la mort se groupe en silence autour du cénotaphe.

Le recueillement de la douleur règne dans l'enceinte qu'éclaire à peine la pâle lueur des torches; aux colonnes sont appendus des trophées et des emblêmes funèbres; au milieu s'élève un sarcophage surmonté de branches d'acacia, de cyprès et de saule pleureur; un long crêpe recouvre les insignes de la pairie, les différens ordres militaires et Maç∴ de l'Ill∴ F∴ de Valence, et les décorations du grade qu'il avait conquis sur le champ de bataille.

(8)

L'urne est déposée sur la septième marche du monument près du delta et des maillets.

Les FF∴ Tinet, Chappotot, Cuny et Guénot, le glaive renversé, se placent à chaque angle ; le Vén∴ s'approche du cénotaphe, et après l'avoir purifié par l'eau et le feu, prononce ce discours :

MES FF∴,

Ces pâles clartés, cet appareil de mort, la douleur empreinte sur tous les fronts ne nous rappellent que trop le but de cette réunion, et la perte que l'Ordre vient de faire. Le chef du rit Ec∴, l'Ill∴ F∴ comte de Valence n'est plus. Déjà pour redire tant de vertus et de travaux, des voix éloquentes se sont fait entendre ; déjà elles ont payé à ces mânes sacrées un tribut digne d'elles ; organe de cette Resp∴ ☐ , qu'il me soit permis d'exprimer ses regrets et sa douleur, et d'esquisser quelques traits de la carrière Prof∴ et Maç∴ du héros que nous pleurons.

Cyrus-Marie-Alexandre de Thimbrune - Thimbrone, comte de Valence, lieutenant-général, grand-croix de la Légion d'honneur et de St.-Henry de Saxe, chevalier de St.-Louis, commandeur de St.-Lazare, sénateur, pair de France, naquit à Agen, en 1757.

Au prestige d'un nom historique, avantage que dispense le hasard, il sut joindre cette gloire personnelle que peuvent seules donner les vertus et de grandes actions. A l'âge de 17 ans, il entra au service dans l'artillerie, et à l'âge de 27 ans il était colonel. Elevé près de la pourpre des Rois, et au sein des grandeurs, pour lui, les graces avaient devancé les services; mais bientôt il sut prouver que, du moins cette fois, l'aveugle faveur avait rencontré le mérite.

La révolution éclata en 1792; Valence, nommé maréchal-de-camp à l'armée de Luckner, s'empara de Courtray; fait lieutenant-général la même année, il décida par son intrépidité le succès de la mémorable journée de Valmy; il s'illustra aux champs de Jemmapes, de Nervinde et de Mohilow.

Citer toutes les occasions où il cueillit des lauriers, serait faire l'histoire des campagnes de la révolution, d'Autriche, d'Espagne et de Russie. En 1813, au moment où les armées ennemies envahissaient la France, pendant sept jours il arrêta près de Gray, avec une poignée de soldats de ligne et de gardes nationaux, à peine armés, les hordes étrangères qui se précipitaient sur notre belle patrie.

Le général Valence se montra aussi grand à la tribune nationale, qu'il l'avait été sur le champ de bataille à la tête de nos armées. Membre du sénat, il fut du petit nombre de ceux qui, sous un sceptre de fer, surent faire respecter leur dignité; nommé pair de France, il fut constamment fidèle aux principes de patriotisme qu'il avoit adoptés dès ses premiers pas dans la carrière, et ses derniers momens furent consacrés à la défense et à la réhabilitation d'une famille malheureuse et opprimée.

L'ordre Ecossais, après avoir vu ses chefs, frappés par la mort, ou dispersés par les révolutions, traînait dans l'ombre et la douleur, une existence sans vigueur et sans espoir. Valence conçut le noble projet de rendre à ce rit sa première splendeur. A sa voix, les guerriers les plus renommés, les premiers magistrats, les citoyens les plus recommandables vinrent se grouper autour de l'autel de Jehovah, et bientôt l'ordre compta dans ses phalanges tout ce que la France avait de plus illustre et de plus vertueux.

Vous, qu'une juste douleur réunit autour de cette tombe, braves vétérans de la gloire nationale, qui, comme notre chef, après avoir versé votre sang pour la défense de la patrie, venez dans nos temples donner l'exemple des vertus Maç.·., Législateurs, Citoyens, Maçons de tous les ordres, jamais vous n'oublierez que ce même bras qui donna si souvent la victoire à la France, qui défendit nos libertés, qui protégea toujours le malheur, releva sous la voûte sacrée l'antique et noble bannière Ecossaise.

Le burin de l'histoire a gravé sur les tables de l'immortalité le nom du F.·. de Valence, mais la reconnoissance, l'amour et le respect l'ont inscrit au fond de nos cœurs en traits plus ineffaçables encore.

Houzé, houzé, houzé !!!

Ce discours, écouté dans le plus grand recueillement, est couvert par un morceau d'harmonie de
la composition du F⸫ Rialpo, qui ajoute encore à
l'émotion qu'inspire à tous les FF⸫ cette douloureuse
cérémonie.

Le Vén⸫ reçoit du F⸫ Maît⸫ des cérémonies
une couronne de cyprès, de chêne et d'acacia qu'il
dépose sur l'urne. Il fait fumer l'encens autour du
cénotaphe, et adresse au F⸫ de Valence le triple
et solennel adieu. Chaque adieu est couvert par les
sons lugubres et prolongés du tam-tam.

Après quelques instans du plus profond silence,
le Vén⸫ annonce que le champ de la mort est
clos : aussitôt les portes du temple de la gloire s'ou-
vrent, et le sanctuaire apparoît dans toute sa splendeur. Le cortége reprend sa marche aux sons d'une
brillante harmonie. Les FF⸫ entrent dans le temple, les bannières déployées et les glaives relevés ;
les crêpes et toutes les marques de deuil restent dans
le champ de la mort, déposés au pied du cénotaphe.

Au milieu du temple de la gloire, sur un autel
antique, ombragé par l'acacia mystérieux, s'élève la
statue de l'immortalité qui couronne l'urne cinéraire.
Tous les FF⸫ ayant pris placé à l'Est et sur les colonnes, le Vén⸫ accorde la parole au F⸫ Ravet
du Vigneaux, remplissant les fonctions d'Or⸫, qui
s'exprime en ces termes :

Beatus quem elegisti et assumpsisti.
Ps. 64.

Mes FF∴ ,

Si nos cœurs ont été brisés de douleur, si notre ame a été vivement émue à la vue du lieu que nous venons de quitter, à la vue de cet appareil tout à la fois imposant et cruel de la mort; « abîme éternel où les grandeurs disparoissent, où les richesses s'évanouissent, où la gloire s'éclipse », quel changement ne doit-il pas maintenant s'opérer en nous? Il n'y a qu'un instant nous pleurions au milieu des tombeaux, tout absorbés par la douleur que nous éprouvons de la mort de notre T∴ Ill∴ F∴ Thimbrune-Thimbrone, comte de Valence, T∴ P∴ S∴ Grand-Commandeur et chef, en France, de l'ordre Maçonnique, au rit écossais ancien et accepté, et qu'un appareil funèbre venait encore augmenter : absorbés par la douleur, nous ne pensions qu'à lui donner des larmes : nos méditations se portaient sur l'inconstance des grandeurs humaines, sur le néant des choses d'ici-bas. Maintenant, mes FF∴ , des sentimens bien différens doivent nous occuper.

Ici tout nous annonce le changement qui vient de s'opérer ; ici tout nous dit que nos cœurs ne doivent plus être contrits de douleur, que nos yeux ne doivent plus se mouiller que de larmes de joie :

que nous ne devons plus pleurer sur la dépouille mortelle du comte de Valence.

Son urne funéraire placée dans les rayons de la gloire du Très-haut, est ici le juste emblême de la place qu'il occupe auprès du grand Architecte de l'univers. Place que lui ont méritée son zèle, ses travaux et ses vertus. Qui d'entre nous, mes FF.·., pourrait méconnoître ses droits à la félicité éternelle?

Quel Maçon écossais pourrait avoir oublié que c'est Valence qui lui a rouvert l'entrée de ses temples? Que par la vaste étendue de son génie, par sa philantropie éclairée, par son courage inflexible il a rallié sous l'antique et noble bannière écossaise les Maçons écossais privés de leur chef, errans et humiliés, comme les Juifs lors de la captivité de Babylone. Qu'il en a formé un corps, l'a nourri, l'a fortifié, l'a fait agir jusqu'aux extrémités de l'univers. Voilà, M.·. FF.·., ce qu'a fait Valence. Je ne dis pas, voilà ce qu'il s'est proposé, voilà ce qu'il a ébauché, voilà ce qu'il a commencé; mais je dis, voilà ce qu'il a lui-même achevé, et à quoi lui-même il a mis la dernière main.

Dire donc de Valence qu'il a été le nouveau fondateur de la Maçonnerie écossaise, c'est faire en un mot l'éloge le plus complet de sa fidélité envers tous les Maçons.

Si nous avons à déplorer la mort de notre chef, au moins avons-nous des actions de graces à rendre au Très-haut, de ce qu'il ne nous l'a enlevé qu'après que l'Ordre, conduit avec autant de sagesse que de constance et de force, a été porté à toute sa perfection.

Ces rayons lumineux qui l'environnent, cet éclat, cette beauté, sont une foible marque de sa grandeur : mais cette vertu qu'il a de nous attirer les secours du Très-haut, cette fonction d'offrir à l'Incréé nos prières, de lui faire agréer nos vœux, est là une des plus illustres prérogatives de sa gloire.

Il sera toujours notre protecteur, n'en doutons pas, M∴ FF∴, il conservera pour nous cette bienveillante sollicitude qu'il n'a cessé de porter à tous les Maçons, et d'une manière plus spéciale aux Maçons écossais. Il sera un canal par où découleront sur nous les faveurs du grand Jehovah : il sera toujours notre intercesseur.

Le degré de gloire où il paroît aujourd'hui à nos yeux, cette couronne d'immortalité qu'il reçoit, cette béatitude qu'il possède et qui est la récompense de ses éminentes vertus, doit être pour nous un puissant motif de marcher sur ses traces, en mettant en pratique les vertus qu'il nous a léguées.

Regardez-nous du haut du ciel, ombre chérie, et dans cette félicité éternelle que vous possédez, soyez sensible à nos misères. Tout indignes que nous sommes de votre secours, ne nous le refusez pas. Jetez les yeux sur ce temple qui vous est dévoué, sur ces Maçons qui sont vos fils, et qui, rassemblés dans ce sanctuaire de vérité, vous invoquent comme leur père. Regardez d'un œil favorable ce Royaume maçonnique que vous avez si prudemment gouverné et si tendrement aimé. Obtenez-nous les graces et les lumières dont nous avons besoin pour terminer ce que vous avez si sagement et si dignement commencé. Faites que cet esprit qui vous a dirigé pendant le cours d'une si glorieuse vie, vienne reposer sur nous.

Le F∴ Ravet ayant terminé son discours, le Vén∴ accorde la parole au F∴ Le Guével de la Combe, en l'autorisant à se faire remplacer dans les fonctions de secrétaire. Ce F∴ se porte à l'angle oriental de l'autel, et prononce ce discours :

Vén∴, FF∴ 1ᵉʳ ET 2ᵈ Surv∴, Officiers dignit∴, Ill∴ Visiteurs, et vous tous mes FF∴ dans tous vos grades et qualités.

Les souvenirs et les sentimens douloureux qui oppressent mon cœur dans cette cérémonie solennelle, me causent une émotion telle, que je crains de ne pouvoir remplir la tâche que je me suis imposée, celle de vous retracer la perte irréparable que l'Ordre écossais vient de faire par la mort de celui qui en était le Chef suprême.

Et comment m'exprimerai-je, sur-tout après l'éloquent et sublime morceau d'architecture que vient de prononcer notre T∴ C∴ et bien-aimé Vén∴, et celui du F∴ Ravet du Vigneaux, qui a bien voulu se charger de remplir en ce jour les fonctions d'Or∴, fonctions qui restaient vacantes par l'éloignement de cet O∴ pour causes de service militaire de nos FF∴ Charvillhac et Lévesque.

Je sens toute ma faiblesse ; je sens que je ne pourrai plus que glaner dans le champ qu'ils viennent de moissonner ; heureux encore si je puis le faire d'une manière digne du sujet que j'ai à traiter.

Mes FF∴,

A peine les Maçons écossais étaient-ils parvenus à se rallier autour de la bannière sacrée ; à peine le temple avait-il repris toute sa splendeur ; à peine avait-on remplacé les chefs du Suprême Conseil, enlevés avec une effroyable rapidité par le trépas ou par les révolutions ; à peine, enfin, l'Ordre jouissait-il de tout l'éclat qui devait l'entourer, que la mort est venu frapper et ravir à notre amour, celui qui en était le restaurateur et le chef, et qui, par l'ascendant de son génie, avait rendu à l'Ordre écossais sa prééminence maçonnique.

Les annales de la Maçonnerie écossaise rediront combien l'Ill∴ comte de Valence a rendu d'éminens services à l'Ordre. L'histoire redira comment, par sa vie et par ses actions, celui dont aujourd'hui nous pleurons la perte, mérita le titre de brave guerrier, de magistrat intègre, et par-dessus tout, celui de citoyen.

Le sort avait fait naître le comte de Valence à une époque où l'on croyait que l'on devait avoir du mérite, parce que l'on appartenait à une classe privilégiée. Bientôt sa grande ame lui fit sentir que plus on avait un nom illustre, plus on devait faire pour l'illustrer encore davantage.

Toute sa vie fut marquée par des actes de bravoure, de générosité et de patriotisme, en un mot, comme l'a si bien dit son illustre ami et son successeur le comte de Ségur : « Franchissant l'obs- » cure enceinte des vieux préjugés qui l'entou- » raient, il fut du petit nombre des nobles qui » marchèrent avec le siècle, préférèrent leur pa- » trie à leur caste, et l'intérêt général à l'intérêt » privé ».

Déjà les journaux militaires, l'ouvrage ayant pour titre Victoires et Conquêtes, les Fastes de la Gloire et la Biographie des hommes vivans, nous ont parlé des beaux faits d'armes du comte de Valence.

Nous avons pu le voir se couronner des lauriers de Valmy, et faire briller son courage dans les défilés de l'Argonne.

Nous savons tous que par ses talens et sa vaillance il contribua à cette brillante victoire de Jemmapes, qui prouva au monde étonné que, semblable au faisceau de la fable, un peuple est invincible tant qu'il reste uni, et qu'il combat pour la cause de la liberté.

Charleroi, Namur et Longwy attestent encore la valeur chevaleresque du général que nous pleurons.

A la désastreuse bataille de Nervinde, l'aile droite de l'armée, que commandait Valence, avait fait des prodiges de valeur ; l'ennemi était enfoncé de toute part, et la victoire était comme à l'ordinaire du côté des Français, quand par la trahison d'un étranger, trop légérement admis dans les rangs de nos braves, nous fûmes vaincus au moment où nous étions vainqueurs.

Ce fut à cette journée que le comte de Valence s'illustra par une belle retraite, et reçut cette noble blessure qui décorait son front.

Le comte de Valence était trop Français pour avoir pu tremper dans l'odieux complot de Dumourier. Cependant il fut accusé d'y avoir pris part, et pour sauver sa tête, il fut obligé de fuir. Pendant son exil, il garda dans son cœur un constant amour pour son ingrate patrie, et se montra toujours Français.

A la tempête révolutionnaire succéda le calme et la tranquillité. Le comte de Valence, qui n'avait abandonné le sol sacré de la patrie que pour dérober sa tête à la hache des bourreaux, le comte de

Valence, dis-je, fut rappelé en France, et nommé membre du Sénat conservateur.

Dans cette place, il se reposait des fatigues de la guerre au milieu de ses nombreux amis, lorsqu'en 1812, malgré son grand âge, il soutint encore le poids de la pénible et à jamais mémorable campagne de Russie.

Dans cette campagne, au combat de Mohilow, les vieux soldats qui jadis avaient combattu à Valmy, à Jemmapes, à Namur et à Nervinde, reconnurent encore leur général.

Bientôt après il fut nommé pair de France, et se montra digne de ce titre en combattant avec constance à la tribune pour les libertés nationales, contre les lois d'exceptions.

Malgré ses années, son zèle était infatigable. Toutes ses pensées étaient tournées vers un seul but, celui de contribuer au bonheur de ses concitoyens et à la gloire de sa patrie. Aussi fût-il un de ceux qui défendirent avec chaleur cette Charte constitutionnelle, palladium de la liberté des Français ; aussi le vit-on constamment repousser de toute la force de son éloquence, toute proposition tendante à ce qu'il fût porté atteinte à cette œuvre de la sagesse du Monarque qui gouverne aujourd'hui la France.

La dernière fois qu'il parut à la tribune, où il brilla par son éloquence, comme jadis dans les champs de Mars il avait brillé par son courage , ce fut pour porter des paroles de consolation dans le sein d'une famille malheureuse, encore accablée sous le poids d'un arrêt rigoureux.

Il avait été nommé rapporteur de la pétition présentée à la Chambre des pairs, par la famille de l'infortuné Lesurque. Ce fut dans la séance du 14 décembre dernier qu'il fit ce rapport, dans lequel il déploya toute la sensibilité de son ame et toute l'éloquence de son génie.

Ce rapport place le comte de Valence à côté des Voltaire et des Dupaty.

L'Ill.·. Chef que nous avons perdu fit plus encore. Plein du noble désir d'être utile à ses semblables, il présenta à la Chambre des pairs un projet de loi réparatrice dans lequel, avec le talent qui lui était propre, il développa les idées les plus philantropiques.

Hélas !!! fallait-il que ce fut là le terme d'une si belle vie ! Mais déjà la mort planait sur sa tête; déjà la victime était désignée; encore un moment , et celui qui avait vécu sans peur et sans reproche allait être enlevé à sa patrie, à laquelle il avait voué son existence entière, à l'armée dont il était un des vétérans, à ses amis et à ses FFF.·. qui le regretteront toujours, parce qu'ils avaient pu apprécier les qualités de son cœur, enfin à l'Ordre écossais, dont il était le Chef suprême en France, qu'il sut revivifier, et auquel il imprima un tel mouvement et une telle gloire, qu'il en a désormais assuré la stabilité.

Tel fut l'Ill∴ F∴ à la mémoire duquel nous rendons un hommage solennel en ce jour consacré au deuil, à la douleur et aux regrets.

Sans doute qu'aujourd'hui il reçoit la récompense de ses actions dans le séjour où son ame immortelle repose; le G∴ A∴ de l'U∴ en l'appelant à lui, ne l'a ravi à notre amour et à notre reconnaissance, que pour le faire jouir de cette félicité pure qu'il réserve aux vrais élus et à tous ceux qui, comme notre bien-aimé et à jamais regretté F∴ comte de Valence, emploient leur vie pour la gloire et la prospérité de leur patrie, et pour le bonheur et le soulagement de leurs concitoyens.

Aucun autre F∴ n'ayant demandé la parole, le Vén∴ se rend au pied de l'autel, en fait trois fois le tour en brûlant des parfums, dépose sur l'urne une couronne de myrthe, de laurier et d'immortelles, la jonche de fleurs, et lui donne le baiser de paix : les FF∴ suivent l'exemple du Vén∴, et l'on voit avec émotion des guerriers, anciens compagnons d'armes et de gloire du F∴ de Valence, joindre une larme au dernier baiser qu'ils donnent à leur général. Chaque F∴ ayant repris sa place, le tronc des pauvres circule. Le Vén∴ ordonne au F∴ secrétaire de donner lecture de l'esquisse des travaux de ce jour; il réclame les observations ; aucune n'ayant lieu, il annonce qu'au nòm de St. - Jean d'Ecosse les travaux sont fermés, et invite tous les FF∴ à se retirer en paix, en bénissant le Tout-puissant éternel.

Signé Devilly, 31ᵉ degré ; Missonnier, S∴ P∴ R∴ †∴ 18ᵉ degré ; Bélair, S∴ P∴ R∴ † 18ᵉ degré.

Pour copie conforme,

Le Guével de la Combe,

Secret∴ g∴ral.

*TABLEAU des Membres qui composent la R∴ □
de l'Ecole de la Sagesse et du Triple-Accord
réunis à l'O∴ de Metz.*

Vénérable∴	DEVILLY, libraire, membre de plusieurs académies, Gr∴ Inq∴ Com∴ 31° deg∴
1ᵉʳ surveillant.	MISSONNIER, ancien quartier–maître, chevalier de la Légion d'honneur, S∴ P∴ R∴ †, 18. deg∴
2ᵈ surveillant.	ALLENET, lieutenant d'artillerie, S∴ P. R∴ †, 18. deg∴
Orateur.	LE GUÉVEL DE LA COMBE, chirurgien-aide-major au 4ᵉ rég. d'artillerie à à pied, S∴ P∴ R∴ †, 18. deg∴
Orateur-adjoint.	RAVET DU VIGNEAUX, officier de santé militaire, Maît∴ 3. deg∴
Secrétaire.	NOIRÉ, propriétaire, ex-économe des hôp. militaires et civils, El∴ 9. deg∴
Secrétaire-adjoint.	WEYLAND, officier de santé militaire, El∴ 9. deg∴
Trésorier.	GENTIL, agent-de-change, Gr∴ Inq∴ Com∴ 31. deg∴
Trésorier-adjoint.	BONINO, capitaine d'infanterie, chevalier de la Légion d'honneur, S∴ P∴ R∴ †∴ 18. deg∴
Experts. 1ᵉʳ.	CHAPPOTTOT, ancien commissaire des guerres, chevalier de St.-Louis et de la Légion d'honneur, S∴ P∴ R∴ †, 18. deg∴

2ᵉ.   Bᴇʀɴᴀʀᴅ, négociant, S∴ P∴ R∴ †∴ 18. deg∴

3ᵉ.   Tɪɴᴇᴛ, chef de bataillon, chevalier de la Légion d'honneur, S∴ P∴ R∴ †∴ 18. deg∴

4ᵉ.   Bɪʟᴀɴɢᴇ, capitaine du train d'artillerie, chevalier de St.-Louis et de la Légion d'honnenr, S∴ P∴ R∴ †∴ 18. deg∴

5ᵉ.   Pʀᴏᴛᴄʜᴇ, chef de bataillon, officier de la Légion d'honneur et chevalier de St.-Louis, S∴ P∴ R∴ †∴ 18. deg∴

6ᵉ.   Cᴜɴʏ, colonel d'artillerie, chevalier de St.-Louis et de la Légion d'honneur, S∴ P∴ R∴ †∴ 18. deg∴

Garde-des-sceaux. Gᴀᴜᴛɪᴇʀ, inspecteur des lits militaires, Ch∴ d'O∴ 15. deg∴

Garde-des-sceaux-adjoint. Dᴀᴠɪᴅ, officier de santé militaire, Maît∴ 3. deg∴

Maît∴ des cérém∴ Tᴇ́ᴛᴀʀᴅ, capitaine du génie, S∴ P∴ R∴ †∴ 18. deg∴

Adjoint. Mᴀɴsᴀʀᴅ, négociant, El∴ 9. deg∴

Maître-d'hôtel. Gᴜᴇ́ɴᴏᴛ, capitaine d'artillerie à pied, 4ᵉ rég., chevalier de St.-Louis et de la Légion d'honneur, El∴ 9. deg∴

Architecte. Bᴇɴᴏɪᴛ, peintre, S∴ P∴ R∴ †∴ 18. deg∴

Elémosinaire. ᴅ'Aᴍᴇʟᴀɪɴᴄᴏᴜʀᴛ (le chevalier), chirurgien-major d'artillerie à cheval, 3ᵉ régiment, chevalier de la Légion d'honneur, S∴ P∴ R∴ †∴ 18. deg∴

Econome.   Villeroy, ancien inspecteur de la ma-
                  rine et adjoint à la mairie, S.˙. P.˙.
                  R.˙. †.˙. 18. deg.˙.
Garde des portes. Gentil, entrepreneur, El.˙. 9. deg.˙.
Diacres.   1ᶜʳ. Sautierre, lieutenant du train du
                  génie, chevalier de la Légion d'hon-
                  neur, Maît.˙. 3. deg.˙.
             2ᵉ. Jannin, officier de santé militaire,
                  Maît.˙. 3. deg.˙.

Mallye, archiviste de la préfecture, chef de bataillon
    retraité, chevalier de St.-Louis et de la Légion d'hon-
    neur, S.˙. P.˙. R.˙. †.˙. 18. deg.˙.

Chambille, propriétaire, S.˙. P.˙. R.˙. †.˙. 18. deg.

Oppezzi, capitaine au corps royal du génie- géographe,
    chevalier de St.-Louis et de la Légion d'honneur.

Terquem, négociant, S.˙. P.˙. R.˙. †.˙. 18. deg.˙.

Petit, lieutenant de dragons, chevalier de la Légion
    d'honneur, S.˙. P.˙. R.˙. †.˙.

Hettier, négociant, S.˙. P.˙. R.˙. †.˙.

Perrey, secrétaire - général, attaché au ministère des
    affaires étrangères, chevalier du Lion–Belgique.

Charvillhac, lieutenant d'artillerie à cheval, S.˙. P.˙.
    R.˙. †.˙.

Simon, propriétaire, S.˙. P.˙. R.˙. †.˙.

Aubertin, négociant, Chev.˙. d'O.˙. 15. deg.˙.

Metzger, négociant, Ec.˙. 14. deg.˙.

Collignon, imprimeur, El.˙. 9. deg.˙.

Winter, chef de bataillon, chevalier de la Légion d'hon-
    neur, El.˙. 9. deg.˙.

Papillon, officier de santé militaire, El.˙. 9. deg.˙.

Desmyttère, pharmacien militaire, El.˙. 9. deg.˙.

JACQUIN, capitaine au corps royal d'état-major, El,∴ 9. deg.∴

RIBET, capitaine au corps royal du génie - géographe, chevalier de St.-Louis et de la Légion d'honneur, Maît.∴ 3. deg.∴

CROUZET, lieutenant au 6ᵉ régiment d'infanterie, M.∴ 3. deg.∴

GROOTERS, lieutenant au 6ᵉ régiment d'infanterie, Maît.∴ 3. deg.∴

AUBERT, officier de santé militaire, Maît.∴ 3. deg.∴

LALANCE (le chevalier), maréchal-de-camp, chevalier de St.-Louis et de la Légion d'honneur, Maît.∴ 3. deg.∴

BEDIN, négociant, Maît.∴ 3. deg.∴

BOURDON, négociant, Maît.∴ 3. deg.∴

HUSSON, négociant, Maît.∴ 3. deg.∴

CASTEL, sergent au 6ᵉ rég. d'infanterie, Maît.∴ 3. deg.∴

DENIZOT, sergent – major au 9ᵉ régiment d'infanterie, Maît.∴ 3. deg.∴

DE CLÉRY, commissaire du Mont-de-piété, Maît.∴

DITCHE, lieutenant du train d'artillerie, chevalier de la Légion d'honneur, Maît.∴ 3. deg.∴

LÉVESQUE, lieutenant d'artillerie à cheval, chevalier de la Légion d'honneur, Maît.∴ 3. deg.∴

RAMBERT, propriétaire, Maît.∴ 3. deg.∴

SAGET, propriétaire, Maît.∴ 3. deg.∴

TERQUEM, jeune, négociant, Maît.∴ 3. deg.∴

DAUPHIN, chef de bataillon, officier de la Légion d'honneur, Maît.∴ 3. deg.∴

ABBADIE, négociant, Maît.∴ 3. deg.∴

MENGIN, notaire, Maît.∴ 3. deg.∴

TONNELIER, négociant, Maît.∴ 3. deg.∴

THOMAS, professeur, Maît.∴ 3. deg.∴

Tardif, officier de santé militaire, Maît∴ 3. deg∴

Vittau, quartier - maître du 4ᵉ régiment d'artillerie à pied, Maît∴ 3. deg∴

Wittersheim, propriétaire, Maît∴ 3. deg∴

Waldmann, négociant, Maît∴ 3. deg∴

Collignon, licencié en droit, Maît∴ 3. deg∴

Dubois, sergent - major au 9ᵉ régiment d'infanterie, App∴ 1. deg∴

Lavalle, négociant, App∴ 1. deg∴

Monbriset, lieutenant d'artillerie, App∴ 1. deg∴

Pothier, négociant, App∴ 1. deg∴

Gautier, jeune, propriétaire, App∴ 1. deg∴

Gangel, négociant, App∴ 1. deg∴

FF∴ de l'harmonie.

Rialpo, chef, Chev∴ d'O∴, 15. deg∴

Bapp, App∴ 1. deg∴

Brahain, Maît∴ 3. deg∴

Baratelle, Maît∴ 3. deg∴

Cléry, Maît∴ 3. deg∴

Galle, Maît∴ 3. deg∴

Gandner, Maît∴ 3. deg∴

Kebel, Maît∴ 3. deg∴

Nappée père, Maît∴ 3. deg∴

Nappée fils, Maît∴ 3. deg∴

Perreau, App∴ 1. deg∴

Bouchot, App∴ 1. deg∴

FF∴ servans.

Tournois, concierge de la bibliothèque, Maît∴ 3. deg∴

Pallez, App∴ 1. deg∴

FF∴ en congé hors de l'Or∴.

Bélair, chirurgien-major à la garde royale, chevalier de la Légion d'honneur, S∴ P∴ R∴ †∴ 18. deg∴.

De Chastellux, fournisseur, S∴ P∴ R∴ †∴ 18. deg∴.

Flagy, capitaine au 12e régiment de ligne, officier de la Légion d'honneur, Maît∴ 3. deg∴.

Blanc, capitaine au 12e régiment de ligne, officier de la Légion d'honneur, Maît∴ 3. deg∴.

Weyer, négociant, El∴ 9. deg∴.

Stéding (le baron de), aide-de-camp du Prince royal de Suède, chevalier de l'ordre militaire de l'Epée, El∴ 9. deg∴.

Alombert, receveur des contributions indirectes, Maît∴ 3. deg∴.

Pillement, officier de santé militaire, Maît∴ 3. deg∴.

Marchal, capitaine d'artillerie, Maît∴ 3. deg∴.

Voysin de Gartempe, capitaine d'artillerie, Maît∴ 3. deg∴.

Taillefer de la Rozière, capitaine, adjudant-major, Maît∴ 3. deg∴.

Voysin de Gartempe (Hippolyte) premier avocat-général, Maît∴ 3. deg∴.

D'OEbeln (le baron), capitaine aux gardes suédoises, App∴ 1. deg∴.

Huin fils, licencié en droit, App∴ 1. deg.

Olivier, capitaine d'artillerie, directeur de l'école royale d'artillerie à Stockholm, S∴ P∴ R∴ †∴ 18. deg∴.

Morin, lieutenant d'artillerie, App∴ 1. deg∴.

Arnauldet, lieutenant du génie, App∴ 1. deg∴.

Champion, receveur des contributions indirectes, El∴ 9. deg∴.

Thomas, capitaine du train d'artillerie, chevalier de St.-Louis et de la Légion d'honneur, Maît∴ 3. deg∴

Dieu, capitaine d'artillerie, chevalier de la Légion d'honneur, Maît∴ 3. deg∴

Richter, chef d'escadron de dragons, chevalier de St.-Louis et de la Légion d'honneur, El∴ 9. deg∴

Creuzé-Devilly, receveur des douanes, Maît. 3. deg∴

Pallard, lieutenant d'artillerie à cheval, App∴ 1. deg∴

Latour, lieutenant d'artillerie, El∴ 9. deg∴

Monard, lieutenant d'artillerie, App∴ 1. deg.

Membres honoraires.

Marchant (le baron), ancien maire de Metz, conseiller de préfecture, officier de la Légion d'honneur, chevalier de St.-Michel, ex-Vén∴ de la R∴ ▢ T∴ L∴ G∴

Piquard, notaire, S∴ P∴ R∴ †∴ 18. deg∴

Sonnet, ex-quartier-maître, chevalier de la Légion d'honneur. S∴ P∴ R∴ †∴ 18. deg∴

La Chapelle de Bellegarde, chef de bataillon d'artillerie, chevalier de St.-Louis et de la Légion d'honneur, S∴ P∴ R∴ †∴ 18. deg∴

Bonvallet, capitaine de cuirassiers, chevalier de la Légion d'honneur, S∴ P∴ R∴ †∴ 18. deg∴

Landolt, négociant, ch∴ d'O∴ 15. deg∴

Huin (aîné), maire de Vic, Maît∴ 3. deg∴

Richier, adjoint à la mairie de Vic, Maît∴ 3. deg∴

Ris, adjoint à la mairie de Vic, Maît∴ 3. deg∴

Gerard, contrôleur des contributions, Maît∴ 3. deg∴

Laurent, capitaine en retraite, Maît∴ 3. deg∴

Marx, négociant, Maît∴ 3. deg∴

Larminat, lieutenant d'infanterie, Maît.·. 3. deg.·.

Semelé, lieutenant de dragons, chevalier de la Légion d'honneur, Maît.·. 3. deg.·.

Chaigneaux, lieutenant d'artillerie, App.·. 1. deg.·.

Schoelcher, lieutenant d'artillerie, El.·. 9. deg.·.

Adam, substitut du procureur du Roi, Ec.·. 14. deg.·.

Durand, officier de santé militaire, Maît.·. 3. deg.·.

Fondenstein, propriétaire, Vén.·. de la R.·. ☐ de Vic, Maît.·. 3. deg.·.

Coblence, propriétaire, Maît.·. 3. deg.·.

La Rivière, notaire, S.·. P.·. R.·. †.·. 18. deg.·.

Représentant de la R.·. ☐ près du G.·. O.·.

Le F.·. Dubin, Off.·. du G.·. O.·., Garde-des-sceaux.

Représentant de la R.·. ☐ près le Sup.·. Cons.·. du rit Ec.·. ancien et accepté.

Le T.·. Ill.·. et T.·. H.·. F.·. comte Muraire, grand-officier de la Légion d'honneur, S.·. G.·. I.·. G.·. 33ᵉ et dernier deg.·., secrétaire du Saint-Empire.

Adresse de la R.·. ☐.

A M. Devilly, fils, rue du Petit-Paris, à Metz.

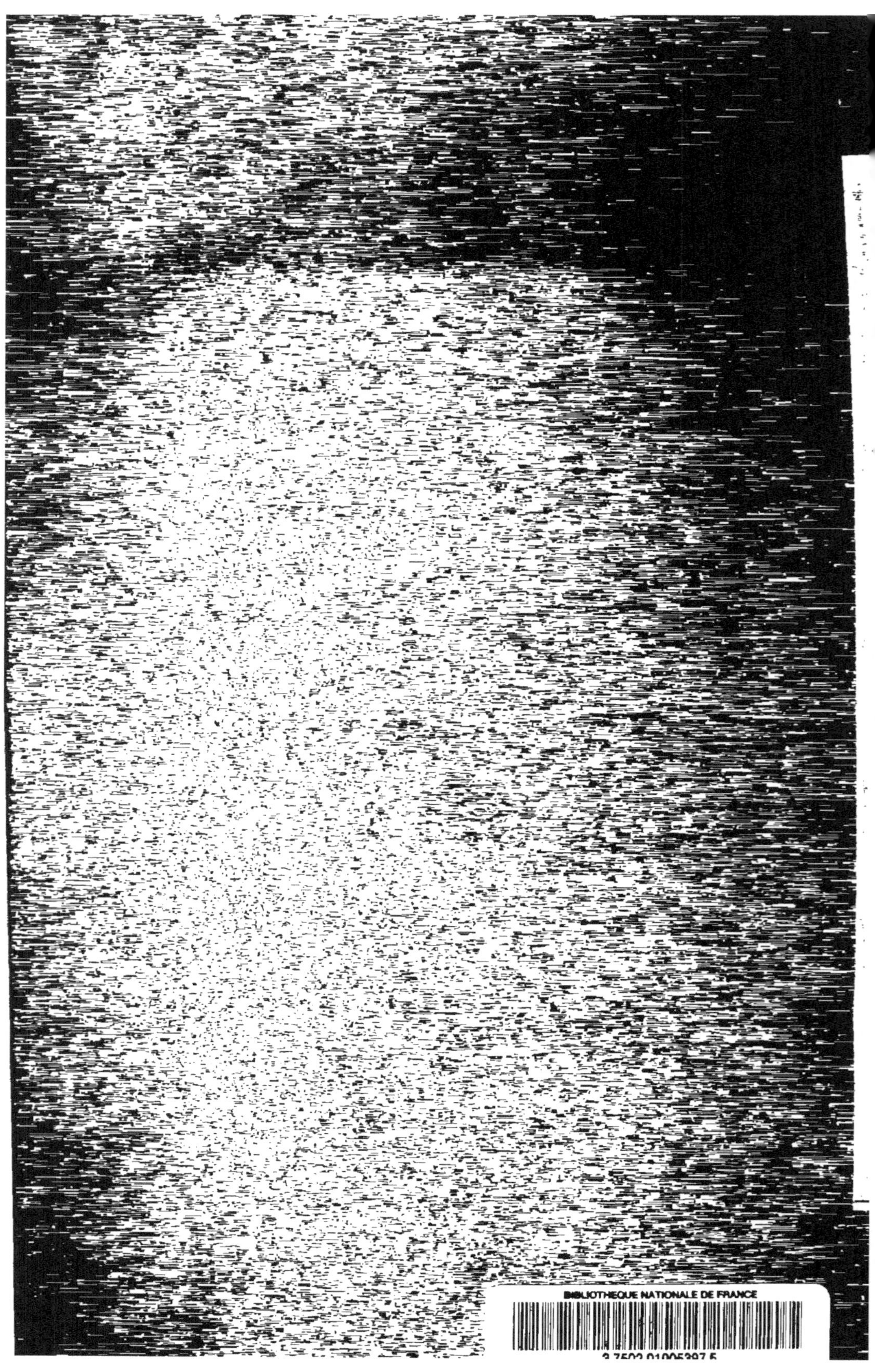